MW01711730

A SEASON FOR BIRDS

selected poems

A SEASON FOR BIRDS

selected poems

PIERRE MORENCY

translated by
ALEXANDRE L. AMPRIMOZ

TORONTO
Exile Editions
1990

contents

Copyright © L'Hexagone, 1987, 1988.

Copyright © Exile Editions, 1990

This Edition is published by Exile Editons Ltd.,
69 Sullivan Street, Toronto, Ontario, Canada
M5T 1C2

Sales distribution
General Publishing Co. Ltd.
30 Lesmill Road, Don Mills, Ontario M3B 2T6

Designed by LOU LUCIANI
Lithograph IDENTITY SIN NO SECRET *by* MICHAEL CALLAGHAN
Typeset in STEMPEL *by* TUMAX TYPESETTING COMPANY
Printed in Canada by AMPERSAND PRINTING

ISBN 0-920428-80-0

The publisher wishes to acknowledge the assistance towards
publication of the Canada Council and the
Ontario Arts Council

A SEASON FOR BIRDS

from

poèmes de la froide merveille de vivre

1967

juin

I

juin
répandu dans l'herbe de la cour
le jour est tout ouvert comme une fleur
notre maison notre île est plus légère qu'un
ruisseau d'été   chez nous c'est la campagne en ville
nous sommes en secret avec l'arbre en secret
avec la feuille folle avec le vent du fleuve
c'est plus que la campagne et c'est plus que la ville

ton âme ce matin est four de terre cuite
la vie mince et petite y chauffe son pain noir
                                        sur le toit d'à côté
                                        la lumière
                                        en canot de feu
trois oiseaux sont venus mourir sur notre table
et nous ne savons plus ce que c'est que la mort

II

mon amour   mon amour   ce jour est une serre
vois comme je ressemble à cet érable tendre
les genoux dans la glaise   et la tête en feuillage
et comme un trait d'union entre la cage et l'eau
je bats votre mesure à vouloir tout comprendre

june

I

june
spread out on the lawn in the yard
the day is wide open like a flower
our house our island is lighter than a
summer stream at home it's the country in the city
we share a secret with the tree a secret
with the fluttering leaf with the river breeze
it's more than the country and more than the city

your soul this morning is a terracotta oven
your slight lean life warms its dark bread there
                                        on the neighbour's roof
                                        the light
                                        like a flaming canoe
three birds came and died on our table
and we no longer know what death is

II

my love my love this day is a greenhouse
see how i resemble this young maple tree
up to my knees in clay and my head sprouting leaves
and like a hyphen between the cage and the water
i follow your beat in my desire to understand everything

III

mon amour   mon amour   le vent du fleuve est bon
je viens juste d'ouvrir le carreau de la chambre
et voilà que des hommes des femmes des enfants
se sont mis à chanter de vivre tous ensemble
mon amour   mon amour
                                        notre amour est du monde

ce n'est pas que notre île soit un royaume d'ombres
ni que l'eau du salon vivier de poissons bleus
mais nous savons pourtant qu'une petite blonde
aux yeux bleus notre enfant appelle les oiseaux
et que cela suffit à nous tirer des larmes
nous débordons l'un dans l'autre par l'évidence d'être

III

my love   my love   the wind off the river is good
i've just opened the bedroom window
and suddenly men women and children
have begun to sing about living together
my love   my love
                                    our love is of the world

it's not that our island is a kingdom of shadows
nor that the water of the living room is filled with blue fish
however we know that a small blond
blue-eyed girl our child is calling the birds
and that's enough to draw our tears
we overflow into each other by the evidence of being

le monde dans la peau

tout alentour de nos maisons secrètes
les éléments du monde n'ont plus de transparence
nous avons l'air d'avoir du feu
l'air d'avoir du vent de l'eau
et nos pieds ne touchent plus la terre

il faudra recommencer la vérité du sol
de NOS OS   DE NOS YEUX

je suis offert en toi   comme revers du feu
et je me donne à toi comme l'envers de l'eau

the world under our skins

all the way around our secret houses
the world's elements are no longer transparent
we seem to have fire
seem to have wind and water
and our feet no longer touch the ground

we will have to begin the truth of the earth again
from OUR BONES FROM OUR EYES

i am offered in you like the other side of fire
and i give myself to you like the other side of water

ma passerelle

ma passerelle légère au parfum de thé
ma lumière droite et filante
mon espace et mon air vitaux
ma toute claire aux portes closes

très neuve
je te porte aux terrains durs de mon épaule

le matin s'élargit quand paraissent tes hanches
le bruit fané des feuilles brise la cage étroite

my footbridge

my little tea-perfumed footbridge
my straight and guiding light
my vital air space
my passkey at closed doors

very new
i bring you to the hard slopes of my shoulder

morning broadens when your hips appear
the wilted noise of leaves breaks the narrow cage

les mots

les mots
fruits de nos feux dans l'âme
tournoieront dans les remous de l'eau
avec le bruit noyé des hélices

nous ne verrons plus qu'une tache blanche

qui bouge

rien qu'un amour subtil au ventre de la vague

words

words
fruit of our soul fires
will turn in the turbulent waters
with the drowned-out noise of propellers

we will see only a white spot

moving

nothing but a subtle love in the womb of the wave

from

poèmes de la vie déliée

1968

c'est dans ma poitrine que j'écris
perdu   coulant dans mon propre sang
entre des vases de fleurs et des visages de femmes

je sors très peu
je passe mes journées en dedans de mes côtes
et quand je voyage je descends dans mon ventre
au plus profond des voix
rejoindre la nageuse de lumière
qui s'étend dans les puits

parfois le matin il fait soleil dans mes veines
je me lève dans moi et bien assis sur mes os
je compose des gestes plus vifs que les oiseaux
avec des mots plus vrais que les mots de la mémoire

unrestrained life

it is inside my breast that i write
lost   dripping in my own blood
between flower vases and women's faces

i seldom go out
i spend my days within my ribs
and when i travel i go down to my belly
down to the deepest voices
to meet with the swimmer of light
who spreads herself in the wells

some mornings the sun shines in my veins
i get up within myself and well-seated on my bones
i compose gestures more swift than the birds
with truer words than words from memory

rarement je monte jusque dans ma tête
je me reconnais mal dans ma tête
tant de gens s'y bousculent sans se nommer
et puis la mémoire est là
comme un gros chat qui fouille
pourtant j'en connais beaucoup qui écrivent
debout dans leur cervelle
et qui pressent leur jeunesse
et qui forcent les coffres du sang
et qui percent les seins des filles comme des oeufs
moi c'est dans ma poitrine que j'écris

un bien dur métier
que de travailler assis entre le coeur et le ventre
les gens vous trouvent un visage de linge
sans savoir que vous portez pour eux
tout le poids de vos yeux dans des couloirs nouveaux

rarely do i go up into my head
it is hard to find my way around in my head
so many nameless people bump into each other there
and memory is there
like a big rummaging cat
and yet i know many who write
standing in their brain
and who squeeze their youth
and who force open the chests of blood
and who pierce the girls' breasts like eggs
as for me it is from my heart that i write

a very difficult trade
to work sitting between the heart and the belly
people find you look ragged
without knowing that you carry for them
all the weight of your eyes down new corridors

la nuit nous nuit

pourquoi sommes-nous si loin de nous
dès que les fenêtres tournent au noir
et craquent dans les os de la chambre
pourquoi sommes-nous si loin de nous

l'aube souvent jaillit des arbres du dedans
les rêves immenses et libres de la nuit
immobiles sur les joues comme la lumière
durent mal   et s'émiettent par les yeux

pourquoi sommes-nous si loin de nous

c'est la nuit qui divise l'envol des bras
les lueurs elles sont liantes comme les mains
c'est la nuit qui ferme et qui enclôt hommes et femmes
des murs de verre s'étagent à ras du coeur

et l'heure vient des purs délires
qui montent dans les tours de la peau
des délires chauds et vifs comme des flancs
mais nos maisons nous font défaut
la nuit
nos maisons dressent des vitres épaisses et lourdes
entre les êtres

a midi parfois nous savons nous tenir par la bouche
mais c'est court
le regard vacille comme un oiseau
nous sommes déjà si loin de nous

night harms us

why are we so far from ourselves
as soon as the windows turn black
and crack amidst the bones of the room
why are we so far from ourselves

dawn often springs from the trees inside
the free immense dreams of the night
motionless on the cheeks like the light
last poorly   and crumble through the eyes

why are we so far from ourselves

night breaks up the flight of arms
the glow is binding like hands
night closes and encloses men and women
glass walls encase the heart

and time comes for pure frenzy
that climbs the towers of the skin
warm frenzy and vivid as hips
but our houses fail us
at night
our houses put up thick and heavy glass
between beings

sometimes at noon we can hold each other by our mouths
but that's short
the look flutters like a bird
we are already so far from ourselves

dans l'armoire à gestes

ma petite amie lumière
habita vingt ans dans le ventre ligneux de sa famille
une famille à bière éteinte
une famille à verre dépoli
une drôle de famille qui mangeait des yeux bouillis
et qui puisait l'odeur des caves pour nourrir les enfants

ma petite amie lumière
habita vingt ans pleins dans les tripes folles
de cette famille aqueuse et puis

un jour ma petite amie lumière
arriva dans ma rue   portée par un ruisseau

ma maison est une maison de chair
avec des murs à veines avec des planchers d'os
avec des vitres de peau
ma petite amie lumière reconnut ma maison
et la haute porte de sang ouvrit lumière
qui s'étendit dans l'armoire au creux du lit

la chambre toute entière pénétrait dans l'automne
le chant des branches
avait des moineaux plein son coeur
la rue siffla un gros autobus
qui roulait sur la corde raide

in the gesture closet

my girlfriend light
lived for twenty years in her family's woody womb
a flat beer family
a frosted glass family
an odd family that ate boiled eyes
and drew cellar odours to feed the children

my girlfriend light
lived for twenty full years in the mad guts
of this watery family and then

one day my girlfriend light
came to my street   carried by a stream

my house is a house of flesh
with vein walls with bone floors
with windows of skin
my girlfriend light recognized my house
and the high door of blood opened to light
who lay down in the closet deep in the bed

the entire room was passing into autumn
the singing branches
shared a heart full of sparrows
the street whistled at a great big bus
that was riding along the tightrope

nous étions tous les deux dans l'armoire à gestes
nous nous percions le ventre pour décanter la brume
la peur jaillissait avec les eaux de l'amour
lumière se répandait sur moi comme un drapeau molli
elle semait ses mains partout elle semait ses yeux
depuis vingt ans qu'elle habitait dans un famille à frousses
une famille à cris
jamais un homme n'avait couché nu sur sa bouche
jamais un homme n'avait marché dans ses lèvres

elle chantait
toute en eau d'apprendre la vie dans une armoire à gestes
seule avec moi dans un grand coffre à baisers
le pouls de ma maison cognait dans ses jambes données
lumièrey s'entr'ouvrait jusque dans sa poitrine
et nous nous traversions comme des radeaux de fonte

nous nous sommes allumés ouverts comme des fruits
l'automne frappait dans la haute porte de sang
le gros autobus qui roulait sur la corde raide
promenait des oiseaux dans la ville partout
des cris d'enfants venaient couler
sur les cuisses vives de lumière
ma petite amie lumière
qui n'ira plus dans sa famille à galles
depuis ce matin elle enfonce les miroirs
dans cette maison de chair
trop vaste pour moi seul

we were both in the gesture closet
we pierced each other's bellies to pour out the fog
fear spurted out with the waters of love
light spread herself across me like a yielding flag
she planted her hands everywhere she planted her eyes
for twenty years she had lived in a family of terror
a family of cries
never had any man lay naked on her mouth
never had any man walked through her lips

she was singing
all wet to learn life in a gesture closet
alone with me in a large chest of kisses
the pulse of my house beat into the offering of her legs
light was opening herself up to her chest
and we crossed into each other like cast iron rafts

we lit ourselves open like fruit
autumn kept drumming against the high door of blood
the great big bus driving down the tightrope
gave rides to the birds throughout the city
children's voices came to leak
onto light's keen thighs
my girlfriend light
will never go back to her gall family
since this morning she has been breaking mirrors
in this house of flesh
too vast for me alone

what about elsewhere?

dos à la porte tout nu en dedans et en dehors
j'écrivais des mots durs à des filles de roche
quand elle vint

ses linges de paille sur le lit
je l'entendais
les cheveux allaient sur les murs
je l'entendais

elle vint pour délier sa langue dans mes oreilles
je sentais le souffle coupé de ses cuisses
j'écoutais frémir la fourrure sur mes tempes
en moi c'était orage de la penser
toute langue toute cuisse
j'anéantissais à loisir son visage de grès
j'effritais ses épaules et ses bras
je biffais dans mes yeux ses couteaux
de peau blanche

what about elsewhere?

my back to the door completely naked inside and out
i was writing hard words to stone girls
when she came

her straw underwear on the bed
i heard her
her hair travelled the walls
i heard her

she came to untie her tongue in my ears
i felt her breathless thighs
i listened to the fur quivering against my temples
inside me the storm of her
all tongue all thigh
i wore down at will her stoneware face
i crumbled her shoulders and arms
i crossed out in my eyes her knives of white skin

je la voulais rouge huileuse coulante
escargot collé au coeur et le tenant
petit à petit elle se réduisait
devenait quatre lèvres dures   données

l'eau de sa bouche commençait de couler
sur mes hanches
quand elle me donna de la main
son odeur de cave close vitement

son ventre chantait frais dans mon crâne d'eau
je vis poindre un pouls marin à son poignet
finalement elle arriva
pour crier sous ma quille

ce jour-là je ne vis sa face qu'après la pluie
elle avait une eau rose de broue entre les dents
le sang riait partout
sur les oreilles et sur les joues

c'est une femme sans voix une femme sans yeux
que je garde pour mes amis les plus oiseaux

i wanted her red oily dripping
a snail glued to the heart and holding on
little by little she shrank
became four hard lips   offered

the water from her mouth was beginning to run
over my hips
when she suddenly handed me
the musty odour of her locked cellar

her womb sang out fresh in my water brain
i saw a sea pulse surging at her wrist
at last she came
to cry out under my keel

that day i saw her face only after the rain
she had pink sea foam between her teeth
blood laughed everywhere
on her ears and on her cheeks

she is a woman without a voice a woman without eyes
i keep her for my most bird friends

nous mourrons tous assassinés

j'aurai un revolver
un revolver avec une crosse de nacre blanche
un revolver avec un canon court
avec des balles dedans fraîches comme des fruits
je le mettrai dans ma poche
je monterai chez toi
plein d'amour dans la ceinture
ce sera par un après-midi mouilleux
on entendra des rots profonds dans les égouts
des femmes en manteaux fous riront dans les fontaines

je monterai chez toi
avec ma vie griffée sur les bords
avec ma vie acide
tu seras en train de te faire cuire un oeuf
tu seras là rêvant
a tes enfants perdus dans la moutarde
peut-être à des phlox aussi à des chambres qui parlent
tu auras encore de ces sourires
qui éclairent comme des feux
tu auras encore de ces baisers ouverts comme des golfes

we shall all be gunned down

i shall have a gun
a gun with a white mother of pearl butt
a gun with a short barrel
holding bullets fresh as fruit
i shall put it in my pocket
i shall go up to your place
full of love under my belt
it will be a rain-soaked afternoon
deep belches will emanate from the sewers
women in crazy coats will laugh in the fountains

i shall go up to your place
with my life notched around the edges
with my acid life
you will be cooking yourself an egg
you will be there dreaming
of your children lost in mustard
maybe of phlox also of talking rooms
you will still have those smiles
that light up like flares
you will still have kisses as open as gulfs

moi je ne rirai plus
j'aurai ma vie dans la gorge
ma vie grafignée
enfargée sur les gestes trop francs
ma vie de rats grugeant entre les murs de la tête
et puis j'aurai ce revolver dans ma poche
toi tu auras encore des gestes plongeant dans mes ombres
toi tu auras dans les paumes
la vieille odeur connue

ce sera très court
des trous sonores éclateront sur ta poitrine
le sang ira partout dans les fontaines
sur chaque branche sur tous les fronts
le sang de mon amour dans les canivaux
sur les prélarts partout dans les bocaux
le sang de mon amour le sang de mon amour
je poserai le canon court contre mes yeux
j'attendrai une heure
mais il n'y aura plus de balles

i shall no longer laugh
i shall have my life in my throat
my scratched up life
tripped up in too blunt gestures
my rats-gnawing-between-the-walls-of-my-head life
and i shall have this gun in my pocket
you will still have gestures plunging into my shadows
you will have in your palms
that old familiar odour

it will be very quick
ringing holes will burst on your chest
blood will run all through the fountains
on each branch on every forehead
the blood of my love in the gutters
on every cloth in every jar
the blood of my love the blood of my love
i shall place the short barrel between my eyes
i shall wait an hour
but there will be no more bullets

from

au nord constamment de l'amour

1970

une à une ces choses arriveront

1

au nord constamment de mon propre geste
rapide et déjà d'avant
je harcelle ce qui reste de lumière dans la ville

2

mutilés dans les racines et jusqu'au crâne
nos enfants s'apprêtaient à glisser sous le morne
du plus sourd pourtant de la mort dans l'air
la parole allait jaillir avec la sueur
un éclair de sang allait frapper au fond du corps

3

resté debout au coeur de la ferraille
à bout de bras je veux porter un cri sec
trop de têtes encore ont péri dans les tordeurs
trop de têtes ont fendu sous le poing du vacarme
trop de têtes ont flambé dans les fourneaux
des milliers d'yeux d'enfants ont roulé sur les pelouses

one by one these things will happen

1
always northward by my own will
quick and anticipating
i plague what remaining light there is in town

2
mutilated from their roots to their skulls
our children prepared to slip under the hill
from the most deaf yet from death in the air
speech would spring forth with sweat
a lightning bolt of blood would strike deep in the body

3
still standing deep in scrap iron
with arms outstretched I want to cry out
too many heads have been lost in the wringers again
too many heads have been split under the fist of the din
too many heads have been burned in the ovens
thousands of children's eyes have rolled on the lawns

4

ce sera un temps de coeurs séchés dans les cages
un temps noir de cerveaux mis en boîte pour le dégel
sous les robes ce sera un temps de mains mortes
le beau désir caillera à cause des chaînes
les filles même nues s'émietteront dans les lits
ce sera le temps horrible des ventres modérés

5

au nord constamment de mon amour
et pour elle et pour eux
hachant partout le mépris
je propose à notre vie
un pacte avec la vérité de la poitrine

4
it will be a time of hearts dried up in cages
a black time of brains canned for the thaw
under the dresses it will be a time of dead hands
beautiful desires will sour under their chains
girls even naked will crumble in their beds
it will be the horrible time of moderate guts

5
always northward of my love
both for her and for them
everywhere chopping through contempt
i propose for our lives
a pact with truth from my heart

que nos enfants éclatés nus sous la ferraille préparent au fond de la mort le revirement de la situation menaçante

c'était en nous
le soleil donnait au fin fond des cratères
le soleil allait dans le plus flou des corps

c'était en août
les pelouses s'ouvraient comme des femmes
des vieilles en sueur s'offraient dans les boutiques

nous étions en nous
canotant au creux du désir informes
et sans boussole
dans un écrin rouge nous gardions la force du feu
allumée la parfaite mémoire des arbres

nous étions en août
ô le bel éclatement de mains dans la rivière
des lames de lumière s'immisçaient dans l'amour
des sirènes de joie flambaient dans les moteurs

et nous étions en nous
plus vastes encore que le moment
si vifs et si fous
des moineaux prenaient leur élan dans la bière

may our naked exploded children under the scrap metal prepare in the depths of death the turnaround to the threatening situation

it was inside us
the sun looked out over the depths of the craters
the sun went into the vaguest bodies

it was in august
lawns opened out like women
perspiring old ladies offered themselves in the boutiques

we were inside us
paddling in the crevice of desire shapeless
and without compass
in a red jewel box we kept the fire force
lit the perfect memory of trees

we were in august
o the beautiful bursting of hands in the river
blades of light mingled in love
sirens of joy flamed in the engines

and we were inside us
yet more vast than the moment
so quick and so crazy
sparrows took off from the beer

et nous étions en août
en plein second souffle de l'été
un fleuve de clarté brûlait l'allure des cadrans

et nous étions en nous le mois d'août
s'escrimait au faîte des âmes
plus aucune fenêtre n'était noyée de larmes
on avait remplacé par des radeaux les lits
un beau bonheur mou amortissait les cages

je l'ai même vue une fille dans les bécosses
tenait un vieux nid d'oiseau contre son ventre
le grand'monde était fou raide donc mais

la grande paix du geste
déchirée sec comme un drapeau

(la petite tête se balançait dans les vapeurs
la pauvre petite tête larguait
des anses de paroles dans les flaques
la pauvre petite tête donnait
dans tous les pays du chemin
la pauvre petite tête qui appelait les lèvres
on la voyait tout à coup montant sous les feuilles
elle renaissait dans chaque rondeur de l'air)

and we were in august
right in summer's second wind
a river of light burned the speed from the dials

and we were inside us the month of august
wearing itself out on the pinnacle of souls
not one window was left bathed in tears
we had replaced the beds with rafts
a nice soft pleasure cushioned the cages

i even saw her a girl in the outhouse
holding an old bird's nest against her belly
the adults were completely mad but

the great peacefulness of the gesture
suddenly torn away like a flag

(the small head rocked in vapours
the poor little head unfurled
coves of words into the pools
the poor little head gave
way in all the lands
the poor little head that called lips
you could see her all at once climbing under the leaves
reborn in each roundness of air)

le maudit
il a claqué dans la pauvre petite tête
il a crevé la pauvre petite tête
bien crevée comme un baril de lattes

(une enfant germait dans les fonds de cour
et pour les yeux
le rire abolissait le cru des caves
une enfant transparente devant les mots et les lilas
une enfant capiteuse à tous bouts de champ)

ce claquement!
une bombe qui fend ne fracasse pas tant
les villes les plus folles

la femme a crié crié crié
tombant jusqu'aux racines des larmes
elle s'est tiré le bout du coeur avec les ongles
pourtant

les petites bottines blanches se consumaient déjà
en plein milieu des tornades du sang

c'était en nous ...

the beast
he slammed into the poor little head
he smashed the poor little head
well smashed like the boards of a barrel

(a little girl was germinating far back in the yard
and for the eyes
laughter wiped out the cellar's vintage
a transparent child before words and lilacs
a so often intoxicating child)

this banging!
an exploding bomb is less destructive
in the most insane cities

the woman screamed screamed screamed
falling to the roots of tears
she pulled the bottom of her heart with her nails
yet

the small white booties were already being consumed
right in the midst of the tornadoes blood

it was inside us...

je somme le poète de revenir

il plonge et creuse
le fond est aimé
de fruits battant des ailes

il fouille sous les faces
et trouve que l'homme
est un rameneur de lumière

i summon the poet to return

he dives and digs
the depths are loved
with fruit flapping wings

he sifts under the faces
and finds that man
is a retriever of light

célébrer est un canard de bois

je te déserte je t'affame et te décharne
à chaque heure menée aux eaux dormantes
je déchire dans nos bourrades de buffles
et te poursuis sans cesse quand je creuse
je m'éloigne de toi pour te viser plus vrai
ma cible de mystère où je déchaîne ma vue

anti-celebration for a decoy

i desert you i starve you and emaciate you
each hour led to still waters
i tear in our buffalo prods
and chase you endlessly when i dig
i back away from you to take a truer aim
my mysterious target where i unleash my sight

autour de notre vie je gravite
non encore né non encore formé

un jour j'aurai des mains
le même jour je commencerai d'avoir un coeur

mon amour aura des mains pour te donner ce que je suis
mon amour aura des mains au bout de mes mains
je te prendrai au plus chaud de ta vie
je te ravirai pour battre la campagne au fond de nous

j'aurai des mains pour la chaleur et pour la nuit
j'aurai des mains pour que le jour éclaire dans ton sang
j'aurai des mains pour te construire
j'aurai des mains pour blesser la bête maudite
tapie sous le front de l'amour
j'aurai des mains pour me traîner dans ton corps
j'aurai des mains pour nager où tu es liquide
j'aurai des mains pour te cueillir où tu t'affales
j'aurai des mains pour l'appui quand tu cantes de peur

un jour j'aurai des mains
j'aurai des mains pour t'appeler quand je coule
j'aurai des mains pour te vouloir
quand je pars de moi
j'aurai des mains pour défoncer
quand tu cesses d'ouvrir
j'aurai des mains pour faire signe
quand le paysage devient fou

around our lives i gravitate
not yet born not yet formed

one day i will have hands
the same day i will begin to have a heart

my love will have hands to give you what i am
my love will have hands extending from my hands
i will take you at the warmest of your life
i will carry you off to wander through our depths

i will have hands for heat and for the night
i will have hands for the day to shine in your blood
i will have hands to build you
i will have hands to wound the cursed beast
crouched under the forehead of love
i will have hands to drag myself through your body
i will have hands to swim where you are liquid
i will have hands to gather you up where you fall
i will have hands for support when you lie down in fear

one day i will have hands
i will have hands to call out to you when i flounder
i will have hands to want you
when i leave myself
i will have hands to break in
when you no longer open
i will have hands to wave
when the scenery becomes crazy

mes mains seront des ponts pour
que tu passes en moi

un jour j'aurai des mains
ce jour-là le monde s'affaissera dans les fêlures
ce jour-là des femmes et des enfants
seront bus par la mort
ce jour-là des hommes moisiront sous la gale
un lit de boue noircie durcira la paix
mais ce jour-là j'aurai des mains
j'aurai des mains pour me relever dans la savane
j'aurai des mains pour cravacher ma bête de flammes
j'aurai des mains pour refaire la boussole
j'aurai des mains pour casser les murs qui te retiennent
j'aurai des mains pour gratter
à chaque seuil comme un chien

j'aurai des mains pour arriver jusqu'à toi
puis j'aurai des mains   enfin j'aurai des mains
pour que crèvent les eaux et que je crie

my hands will be bridges for
you to pass into me

one day i will have hands
on that day the world will sink into the cracks
on that day women and children
will be drunk by death
on that day men will turn mouldy under scabs
of bed of blackened mud will harden peace
but on that day i will have hands
i will have hands to get back up in the swamp
i will have hands to pelt my mount of flames
i will have hands to rebuild the compass
i will have hands to break down the walls that restrain you
i will have hands to scratch
at each doorstep like a dog

i will have hands to reach you
and i will have hands   finally i will have hands
so that the waters may break
so that i may scream

from

lieu de naissance

1973

lieu de naissance

c'est ici que je me trouve et que vous êtes
c'est sur cette feuille
où je suis ici plus moi que dans la peau de l'ours
où je suis ici plus creux que l'ancre du chaland
et plus crieur et plus mêlé au monde

ici et pas ailleurs que je file comme la flèche
ici que je pousse dans le sang
ici que j'engueule dans les corps

le nord n'est pas dans la boussole il est ici
le désarroi des têtes n'est pas dans la foule
il est ici
le plus vrai de la ville n'est pas dans la ville
il est ici   pas ailleurs
et c'est sur cette feuille que je nais
et c'est sur cette feuille qu'on me meurt

il fait plus clair ici que dans l'œil du hibou
il fait meilleur ici que sous la peau des enfants
car c'est ici qu'on défonce et qu'on s'écrit
ici et pas dans les drapeaux
ici et pas dans les paysages

place of birth

this is where i am this is where you are
it's on this page
where i am more at home than in the bear's skin
where i am deeper than the anchor of the barge
and more vociferous and more a part of the world

here and nowhere else do i fly like the arrow
here do i grow in the blood
here do i bitch in the bodies

north isn't in the compass it's here
the confusion of heads isn't in the crowd
it's here
the truest part of the city isn't in the city
it's here   nowhere else
and it's on this page that i am born
and it's on this page that i am being killed

it's clearer here than in the owl's eye
it's more pleasant here than under the children's skin
for it's here that we break through and write
here and not in flags
here and not in landscapes

je l'embrasse

et le monde tremble comme une corde
la bouche des maisons frémit à tous les vents
la nuit rejoint le matin dans un grand saut de branches
    et d'herbes
les eaux s'emportent dans les crevasses
dans toutes les veines le temps se prend à courir
la flèche de sa langue siffle dans le noir

et les roues du ciel s'affolent
les comètes sont sans dessus dessous
et tombent dans la lune
elle s'avance vers la source comme une marée
toutes les bêtes de ses nerfs se couchent à nos pieds

et les voiles des palais déchirent sous l'épée
les puits les plus creux se répandent sur elle
je délivre des bancs de poissons fous entre ses dents
je lance dans le torrent tous les canots de mon sang

i kiss her

and the world trembles like a rope
the mouths of houses are quivering weathercocks
night is upon morning in a great leap of branches
    and grass
the waters carry their fury away into crevices
in each vein time suddenly is in a rush
the arrow of her tongue whistles in the dark

and the wheels of the sky begin to race
the comets tumble
and fall onto the moon
she is drawn to the source like the tide
all the beasts of her nerves lie down at our feet

and the veils of palaces tear under the sword
the deepest wells pour over her
i free schools of crazy fish between her teeth
i throw into the torrents all the canoes of my blood

et les arbres sont fous raides
les montagnes soufflent comme des ventres
elle amorce dans mes haubans une danse de feu
et je vacille et je glisse au fond comme un couteau

et tous les glaciers fondent sur sa joue
le fond des océans s'éclaire comme un œil

et elle s'étend sur le lac comme une huile odorante
je la conduis très loin dans elle et nous piquons vers le fond
les murs du ciel dégouttent d'un beau sang net
les moineaux les plus brisés se dressent dans les mouillures

et je fonce partout où elle me crie où elle m'attend
le panache va cogner sur toutes les limites
les portes commencent d'ouvrir où nous battons des ailes

je l'embrasse
tous les déserts enfouis s'embavent de senteurs
et je m'affale dans sa bouche
plein de boue et de lumière

and the trees go completely crazy
mountains blow like bellies
she baits in my shrouds a fire dance
and i totter and slide to the bottom like a knife

and all the glaciers melt on her cheek
the depths of each ocean sparkle like an eye

and she spreads across the lake like a perfumed oil
i drive her very far into herself and we dive to the bottom
heaven's walls drip a fair clean blood
the most battered sparrows perch in the wet marks

and i charge wherever she calls me wherever she waits for me
the panache will bump into every boundary
the doors begin to open where we flap our wings

i kiss her
all the buried deserts salivate with scents
and i collapse in her mouth
full of mud and light

avez-vous déjà senti le sang passer dans vos veines?

j'étais venu, sans trop m'en rendre compte, en possession d'une horloge immense qui battait à deux temps comme un cœur. elle était si vaste que je m'y étais ménagé un repaire où je m'isolais parfois pour écrire. encore aujourd'hui il m'arrive de faire là un séjour plus ou moins long. loin de tous, j'apprends à saisir le poids aveugle du temps et la manière dont la vie passe dans la vie. ce que je sais, je l'apprends en m'immisçant dans les choses. c'est vrai pour les horloges. ce ne l'est pas moins pour le cri des bêtes et la plainte cassée de mes voisins.

have you ever felt the blood flowing in your veins?

i had come, without fully realizing it, into possession of an immense clock that beat in two four time like a heart   it was so vast that i managed to build a retreat in it; i sometimes went there to write quietly   i still find myself spending some time there   far from everyone, i learn to grasp the blind weight of time and the way in which life passes into life   what i know, i learn by mingling in things   it's true with clocks   it's no less true for the cries of animals and the broken pleas of my neighbours

il est midi moins dix j'arrive au centre de mon temps

je ne suis pas un édifice
je suis la cave d'une maison
les pendules claquent au fond comme des becs

je ne suis pas une horloge grand-père
je suis tout au plus l'étranglement du sablier
c'est pourquoi je coule sans cesse dans moi
et que je vis

les heures c'est pas si fou qu'on pense
ça prend le temps de nicher et de faire des œufs dans les hommes
ça chante quand on est loin
ça crie quand on s'approche

les heures ça migre comme des oies
c'est blanc et c'est noir
puis quand il fait dur dans la journée du monde
les heures ça file
un éclair bleu tout à coup dans les branches
pouvez-vous le voir le geai qui vous observe
et qui se rit que vous restiez là à mourir
ou bien à briser votre montre

it is ten to twelve and i am arriving at the centre of my time

i am not a building
i am the basement of a house
the pendulums strike the bottom like beaks

i am not a grandfather clock
i am the choked neck of the hourglass at best
that's why i run endlessly into myself
and why i live

hours aren't as crazy as one might think
they take the time to burrow and lay eggs in men
they sing when we're away
they cry out when we draw near

hours migrate like geese
they're black and they're white
and when it's tough in the world's day
hours fly by
a blue flash suddenly in the branches
can you see the jay watching you
and who laughs at you dying there
or breaking your watch

le feu et l'aube

I

un gros feu de corneilles tournoie dans le matin
et c'est encore plus de nuit qui vrille et casse
une lumière graille
une lumière tire sur les dormeurs

l'oiseau rauque est en feu pour que le jour se lève

II

j'ai poussé sur ma vie en bafouant les ventres
j'ai rampé dans les caves où le père pourrissait
allumé puis moisi ébloui puis noyé
j'ai vraiment tout mis en œuvre pour conjurer le sombre
parrainant les fanaux élevant des foyers
j'ai appareillé des phares
j'ai conduit des mèches promptes vers les pétroles
tisonnant le soufre jusque dans les rêves
à peine sorti du trou je frottais sur les pierres
je tétais les flammèches au bec des chalumeaux
et puis   et puis   et puis
le père s'emmouvait toujours dans les puisards

qui mettait tout ce goudron entre nous?
qui envasait toutes les lueurs que je traçais?

fire and dawn

I

a great fire of crows circles in the morning
and it's even more night drilling and breaking
a light caws
a light fires on the sleepers

the raucous bird is on fire to awaken the day

II

i pushed on my life while jeering at bellies
i crawled in the cellars where the father was rotting
lit then turned mouldy blinded by light then drowned
i really did all i could to conjure up darkness
sustaining the lantern raising hearths
i matched up headlights
i drove fuses towards the fuels
poking the sulphur even into dreams
no sooner out of the hole i rubbed the stones
i nursed the sparks at the mouths of blowtorches
and then   and then   and then
the father always got stirred up in the cesspools

who was putting all this tar between us?
who was silting up every glimmer that i traced?

III

j'ai dû fureter avec les coquerelles
me collant aux parois du solage et bavant
j'ai dû gratter comme un rat dans les murs
et ronger de la tôle miner du papier noir
j'ai dû m'entêter dans les éclisses du grenier
et me voici arrivé sur le toit de ma jeunesse
par-dessus les maisons je sens battre le nord
et le jour va venir il pousse du golfe jusqu'à nous

la clarté
c'est une tête qui travaille dans les bassins
je la vois je la vois
c'est un traîneau d'orange de rose et de filaments
c'est un océan de lueurs qui tombe de partout

c'est une jarre   non   c'est un puits de rayons
    qui renverse
c'est le début   je suis en vie   c'est le début—

la torche de corneilles enflamme le passé

III

i must have rummaged with the roaches
sticking myself to the walls of the foundations and drooling
i must have scratched like a rat in the walls
and chewed at tin mined tar paper
i must have butt my head against the splinters of the loft
and here i am having reached the roof of my youth
above the houses i feel the north beating
and the day is coming pushing from the gulf up to us

light
it's a head working against the basin
i see it i see it
it's a wagon of orange of pink and of filaments
it's a glimmering ocean falling from everywhere

it's a jar   no   it's a well of rays
        that spills
it's the beginning   i am alive   it's the beginning–

the torch of crows inflames the past

une peau de visions

parfois je me terre dans les cellules osseuses d'une femme
et je vis là des jours sans ordre sans bonheur
au fond sans brisure
j'aime le parfum des globules rouges
les charpies de masques les voyages parmi les veines

parfois au creux des fournaises odorantes
tonné raide   j'éclate comme un coup de fusil
et monte dans le sang chaud comme une vapeur
cette femme-là je bats son pouls
j'enfourche son cœur sauvage
j'éperonne ses flancs et les mène au vrai soleil

parfois (c'est plus la vie encore)
je m'annule tellement
que je deviens un plongeur minuscule
aux prises avec ses troupeaux de microbes aquatiques

le crâne désossé la poitrine pleine de bois sent-bon
je culbute infiniment dans les torrents intérieurs
je campe au bord de crevasses étonnantes
découvrant les passés et les avenirs de cette femme

mais le plus souvent je suis dehors
toujours démembré par des banquises à deux lames
durci comme un cuir par tant de vents noirs
et je regarde se tuer les gens:

skinsight

sometimes i crouch in the bony cells of a woman
and live there for days safely and without joy
in the flawless depths
i love the scent of red corpuscles
shredded masks journeys through veins

sometimes in the core of fragrant furnaces
thunder struck i go off like a gunshot
and rise in the warm blood like steam
i'm this woman's beating pulse
i straddle her untamed heart
i spur her flanks and steer them to the actual sun

sometimes (it's the lustre to life)
i withdraw so much
that i become a tiny diver
struggling with his hordes of water germs

boneless skull chest full of scented wood
i tumble infinitely through interior waterfalls
i camp beside incredible fissures
discovering this woman's past and future

but most often i'm outside
dismembered time and again by double-edged icefloes
toughened like leather by endless dark winds
and i watch people killing themselves:

certains se munissent de roues pesantes
et tournent lentement sur les essieux des villes
certains se mettent en bouteille
et ferment le bouchon changé en tête
d'autres sans prévenir deviennent carburateurs
pièces détachées   silencieux garantis

parfois je me terre dans les cellules osseuses d'une femme
forant à coups d'amour des puits de miel et d'air frais
je m'occupe à lancer des s.o.s. dans son cerveau
à naviguer sur ses mers de tranquillité
à varger dur ses grilles de silence
et je l'amène frayer au bout de ses eaux douces
des œufs de nébuleuses

mais la plupart du temps je suis dehors
et je regarde se tuer les gens:

j'en vois qui se pendent au mât magique du soir
j'en vois qui donnent du front dans les caniveaux
et qui vident leur sang dans des fiasques dépolies
j'en vois qui mordent des obus d'occasion
et qui se déboîtent sans un cri dans les rues
j'en vois pleins de sueurs étranges
qui tirent sur le fil de leur vie
et qui s'écrasent sur les terrains privés
certains crachent leur plus belle huile
dans des planètes de plastique
d'autres mettent au fleuve des rafiots perforés
qui les étouffent dans des cales de broche et de vase

some are armed with heavy wheels
and turn slowly on the axles of cities
some bottle themselves up
and use their heads as corks
without warning others become carburettors
spare parts   guaranteed mufflers

sometimes i crouch in the bony cells of a woman
pumping with love the wells of honey and fresh air
i kill time by sending s.o.s.'s to her brain
navigating her still waters
striking hard her grids of silence
and nudge her into the mouth of her own fresh waters
to spawn nebula eggs

but most of the time i'm outside
and i watch people killing themselves:

i see some hanging from the evening's magic mast
i see some lying face down in the gutter
spilling their blood into opaque wine flasks
i see some bite into war-surplus shells
and silently fall to pieces in the street
i see some full of strange sweat
who tug at the thread of their lives
and collapse on private property
some spit out their prettiest oils
into plastic planets
others set sail in leaking old tubs
where they suffocate in holds of wire and sludge

parfois je me terre dans les cellules osseuses d'une femme
et je m'exile à fond dans son plasma démesuré
prisonnier volontaire d'une geôle de muqueuses et de chaleur
dans les alvéoles tendues de soleils périssables
je deviens le gardien insensé des moelles

mais la plupart du temps je suis dehors
et je regarde se tuer les gens:

voyez-les s'élancer hors de leurs propres yeux
voyez-les s'emplir de tuf et de coquerelles
voyez-les s'offrir tout nus au nordet venimeux
voyez-les s'entourer de barbelés et tomber dans le trafic
voyez-les chatouiller à bout d'eau des moteurs à pétrole
voyez-les s'enfermer dans la cave de leur corps
et se saouler de rats de rance et de rapace

la plupart du temps je suis dehors oui
en plein dans la vie chauve
griffé à demi pourri par la vie à furoncles
déchargé de tous les drapeaux consolateurs
avec même pas un peu de haine pour panache
comprenez-vous maintenant
que parfois je me terre dans les cellules osseuses d'une femme

sometimes i crouch in the bony cells of a woman
and disengage into her depthless plasma
willing prisoner in a warm mucous jail
in the taut alveolae of perishable suns
i become the insane marrow watchman

but most of the time i'm outside
and i watch people killing themselves:

look at them leaping out of their own eyes
look at them filling up on rocks and cockroaches
look at them exposing their nakedness to the venomous
nor'easter
look at them wrapped in barbed wire and stumbling into traffic
look at them tickle diesel engines with tips of water
look at them lock themselves into the cellar of their bodies
getting drunk on rancid and rapacious rats

most of the time i'm outside it's true
boldly in bald reality
clawed half-rotten by an ulcerated life
freed from all flags of consolation
with not a smidgen of hate for guts
now do you understand
why i sometimes crouch in the bony cells of a woman

poème de la laine et du torrent

nous étions là depuis le début du monde
nous attendions au quai très profond du désir
ballottés par des vagues énormes de rougeurs
nous étions là depuis des millénaires
à la merci de nos rafales et de nos feux
nous étions là depuis toujours
soudain j'ai cargué toutes les fibres
et je l'ai appareillée

elle: j'ai bombé mes voiles
        on m'a laissée couler dans les torrents de la laine
                et du velours

nous descendions des fleuves d'huile et de salive
qui la pressaient dans de forts mouvements de muscles
nous frôlions de pleines plages de fourrures
dans son oreille je déréglais les compas de la honte

elle: je bombais mes voiles de chair rose
        je me laissais couler dans les torrents de la laine
                et du velours

the wool and waterfall poem

we were there when the world began
we were waiting out on desire's deep quay
buffeted by huge blushing waves
we had been there for millenniums
prone to our squalls and flare-ups
we had been there forever
i suddenly brailed all the ropes
and trimmed her rigging

she: i bellied my sails
    abandoned to waterfalls of velvet
        and wool

we plied rivers of spit and oil
that squeezed her with strong muscular movements
we brushed against beaches strewn with fur
i cocked the compasses of shame in her ear

she: i bellied my sails of pink flesh
    i let myself sink in waterfalls of velvet
        and wool

le ballant de ses hanches ruisselait de lueurs
et homme de roue
et mousse maintenant au faîte de l'audace
je piquais de la proue dans le grand cœur
la coque du soir était trempée de râles

elle: mes voiles de chair rose bombées jusqu'aux montagnes
    je coulais dans les torrents de la laine et du velours

nous portions des plaintes velues
de grands oiseaux de soif bataillaient sur les lèvres
nous posions les coudes au bastingage des épaules
je bandais les cordages et nous filions et nous filions

elle: mes voiles de chair rose bombées comme des houles
    je coulais dans les torrents j'étais près de la chute

nous nous arrêtions dans une baie
je marchais sur ses eaux ou je nageais
des cavernes douteuses bougeaient entre nous deux
je la dégorgeais de ses animaux de tonnerre
nous lacérions les paysages

elle: mes voiles de chair rose claquaient dans sa bourrasque
    je coulais dans toutes les chutes qu'il ouvrait

the sway of her hips streamed with lights
and helmsman
and now ship's boy on the crest of audacity
i dove the prow into the huge heart
the evening hull soaked in sobs

she: my sails of pink flesh bellied full as the mountains
      i sank into waterfalls of velvet and wool

we wore hairy complaints
huge birds of thirst fought on our lips
we squared our elbows on shoulder rails
i cocked the jib and spinning we spun on

she: my sails of pink flesh were thickening swells
      i sank into waterfalls i was on the brink

we would anchor in a bay
i'd either walk on her waters or swim
suspicious caverns moved between us
i purged her of thundering animals
we mauled the landscapes

she: my sails of pink flesh flapped in his squalls
      i sank into all his spreading falls

rorqual battant aux portes de nylon je la renversais
soufflant des bouillons creux et puis sondant
nous libérions des têtes de serpents incroyables
nous avancions dans les danses furieuses de tissus

elle: mes voiles de chair rose claquant à tous les vents
      je coulais dans des chutes
      je revenais sans cesse

blue whale beating on nylon doors i tumbled her
blowing deep spume and then sounding
we let the heads of incredible serpents loose
we strode in furious reels of fabric

she: my sails of pink flesh flapping in the wind
    i sank into falls
    i came and came again

from

torrentiel

1978

le temps des oiseaux

1
à maille à corde rendus au dernier fil à l'os
avec rien que des nuits à front de bœufs
avec rien que des heures en bougrine calleuse
nous sommes hérissés d'espace têtu
plus pionceurs d'écorces que pics à dos noir
plus griffeurs de fourrures que les harfangs de l'ouate
le gerfaut blanc dans les nords comme un défi
la flèche mineure du chicadi di di
la lignette aux crins poigneurs de plectrophanes
c'est le temps des oiseaux pâles
le temps vidé temps des ailes basses

2
à cœur de semaine en bas de zéro cavés
en amas de frasil de carpiche en carpiche
nous voici plus que jamais cernés d'yeux jaunes
le grand hibou des neiges vient planer près des chambres
plus que jamais chevillés au ventre des garrots
plus que jamais peuple crieur avec les kakawis
canards de haut froid mués de but en blanc

3
mais salut donc vieille cancaneuse des faîtes
aboutis ma graillante viens bretter sur les fontes
ma boute-feu salut ma guenillouse
viens payser le signal rauque des coulées
échiffer ces gorges de crémones
abattre ton beau noir de finaude sur les blêmes
ma corvide à ficelles ma corneille

a season for birds

1

to the mesh to the ropes down to the last thread to the bone
with nothing but bull-headed nights
with nothing but hours in worn-out overcoats
we are spiked with stubborn space
more bark diggers than black-backed woodpeckers
more fur scratchers than cottony snow owls
the white gyrfalcon like a challenge across the north
the minor arrow of the chickadee dee dee
the trap with its wiry hairs that grasp the snow buntings
it's the season for pale birds
the emptied season the low-wing season

2

all week long bellow zero dug
into heaps of frazil from tumble to tumble
here we are more than ever baggy-eyed with yellow glasses
the great snow owl comes and glides near the rooms
more than ever plump ducks up to their bellies in traps
more than ever rowdy nations crying out with the kakawis
arctic ducks moulting just like that

3

well hello there old cackling gossip of the summits
come down cawing one come and dawdle on the melting snow
hello instigator my rag peddler
come spread your raucous snowslide signal throughout the land
come unravel the scarfs from your throat
and down your beautiful minx black onto the pallid land
my stringy passerine my crow

4

nous ne crèverons pas cette année
l'hiver va prendre son coup de mort
la glace est sur l'âge
dans la face du froid
des bombes de chaleur font des trous
salut ma corneille

nous ne mourrons pas cette année
voici que dans sa ouache le castor bat du cœur
voici que l'ours se ravise et pointe dans la fièvre
que les maisons s'étirent et craquent des os
dans la grande rivière noire où coulent des oiseaux
ton vieux cri de penture va prendre toute la place
salut ma corneille

le temps se couche dans l'eau et fait de la boucane
en secret les érables poussent la fête du dégel
toi mon orpheline ma criante ma charrieuse de frissons
tu perches en quiétude sur le pays qui tremble
salut ma corneille

nous ne mourrons pas cette année
la nature va ouvrir ses portes de senteur
nos vitres vont frémir sous le bon soleil
toi ma large emportée ma lampeuse de pus
tu découds de ton bec la grand'voile de l'hiver
sur des îles d'asphalte tu picosses et picosses
le squelette démesuré de notre ennui
salut ma corneille
mon écorchée ma parleuse

4

we won't get stuffed this year
winter will take its deadly shot
ice is aging
and against the face of cold
bombs of heat open craters
hail to you my crow

we won't die this year
now in the beaver's lodge a heart beats again
now the bear stirs and points in his fever
even houses stretch and crack their bones
in the great black river where the birds flow
your old rusty-hinge cry will fill the air
hail to you my crow

time lies down on the water and has a smoke
secretly the maple trees prepare the feast of the thaw
you my orphan daughter my screamer my shiver peddler
you perch contentedly upon the trembling land
hail to you my crow

we won't die this year
nature is about to open her doors of scents
our windowpanes will shimmer under the good sun
you my wide elan my pus drinker
you unstitch with your beak the mainsail of winter
on asphalt islands you peck and peck
at the disproportionate skeleton of our boredom
hail to you my crow
my flayed one my talker

le simple plaisir de prononcer:

bardanes dans le soir et boutons claquent
le fou périple du saumon dans l'eau rare
et nous voici sur la mer sans nos rames

une certaine époque de la vie
trous de beignes et gallons vides
un moment dans les gares en plein midi
le regard des arrivants pour toute aurore

le devant menu d'une fille à carreaux
le gazon rasé ras jusqu'à la carotide
mais désir sans mesure de l'arc pour la flèche
dans le petit marin la misaine gonflait

final bâton dit-il à son passé
je passe une porte vent debout

the simple pleasure of pronouncing:

burdocks in the night and buttons burst
the mad journey of the salmon in rare waters
and here we are at sea without a paddle

a certain time of life
doughnut holes and empty gallons
a moment in the stations at high noon
the daze of arriving travellers for full dawn

the tiny front of a chequered girl
the lawn shaved right down to the carotid
but uncontrollable desire of the bow for the arrow
in the small sailor the foresail swelled

that's it said he to his past
i pass through a door heading into the wind

dans le carquois de l'indien j'avais dû
me débattre j'étais plein de vieux sang

on m'a lavé m'a versé
dans le ventre d'une mère
pour que j'apprenne
pour que je me lie
que je vogue

quand on m'a sorti je savais où aller
je me retrouvais à la fontaine du lait
je me retrouvais
petit marin de périples fermés
demandeur écroué de lianes
je ramais je ramais donc

lichant jusqu'à l'ombre des houles
houle moi-même parfois
ondoyant sur les nappes

ce crâne battait d'une voile ténue
pompait des messages mous pour le dehors
j'étais l'intérieur menacé d'une jonque
(carène active sur les mares)

in the indian's quiver i had to struggle i was full of old blood

i was washed and poured
into the womb of a mother
so that i may learn
so that i may bond
and sail

when i was drawn out i knew where to go
i found myself at the fountain of milk
i found myself
small sailor of closed voyages
a plaintiff imprisoned in vines
so i rowed and rowed

licking up to the shadow of the swells
a swell myself sometimes
undulating on the water's surface

this skull was beating by a flimsy sail
pumping out soft messages
i was the threatened interior of a junk
(active hull on the ponds)

et mon temps déjà s'épanchait
on me passa durement hors de la coque
une bête m'enjambait
la bête d'être jeune me faisait de ses crocs

poussé sur le brise-lames
je gagnais le domaine sauvage
louveteau caboché rentrant dans ses lésions
petit vaisseau criant dans la tourmente

pour tout partage : la gueule de la soif
et l'horizon comme une épave
sous la mer

(le lavandou, 17 novembre 1974)

and my time already was pouring out it's best
i was pushed harshly out of the shell
an animal stepped over me
the beast of youth shaped me with its teeth

pushed onto the breakwater
i was reaching indian lands
clubbed wolf cub returning to its lesions
little ship crying out in the tempest

my only inheritance: the jaws of thirst
and the horizon like a shipwreck
under the sea

(the lavandou, november 17, 1974)

nuit furieuse

quand les hardes fanées
quand les blocs

quand les œufs fermés de la femme
quand les couches de vase sur les rames

quand le périple perdu
quand le fossé perdure au nord
quand bouillent les hordes

quand le balancier comme une louche
quand la nage des pendules
quand elles boivent tout

le fiel si tôt dans la gorge du petit
si jeune et déjà toutes les lames du roi le défient

quand on sèche les peaux
quand s'avance la varlope
quand on plonge et que c'est mou
quand le nerf lâche dans les moules

quand le tic-tac armé
quand la veuve au bord du trou

le veilleux dans son frimas
le vase froid sous les hanches

furious night

when the worn faded clothes
when the blocks

when the woman's locked eggs
when the layers of sludge on the oars

when the lost journey
when the ditch extends its loss to the north
when the hordes boil

when the pendulum like a ladle
when the rowing of the clocks
when they drink everything

so early the bile in the little one's throat
so young and already challenged by all the king's swords

when we dry the skins
when the plane scrapes forward
when we dive into the softness
when the nerve gives in the mould

when the armed tick-tock
when the widow beside the grave

the insomniac in his wintry chill
the cold vase under the hips

quand les fourrures aux pieds
quand les coquerelles aux murs
quand pousse le tumulte

quand le molosse au dos crevé
quand la rumeur s'est repliée

quand le cœur acéré du flécheur dans sa cache
quand la file des malards au large

quand les cornées
quand les miroirs aux yeux finis
quand le fantôme s'immisce pour la fille

le sommier de braise qui pétille
la fièvre aux crocs de bête
chauffe la colonne de l'enfant

quand les bouges avec des râles
quand le nain de la fury s'énerve au feu
quand on appelle à l'hôpital
quand le docteur parle peu

quand le sursaut des troncs
quand les marches tapies sous les ronces
quand les tombes

when the furs at one's feet
when the roaches on the walls
when the tumult arises

when the broken-backed wild dog
when the rumblings have fallen back

when the keen heart of the archer in his blind
when the string of mallards at large

when the corneas
when the mirrors with tired eyes
when the ghost interferes for the girl

the bed of hot coals crackling
the fever with bestial fangs
heats up the child's spine

when the hovels with groans
when fury's dwarf is agitated by the fire
when you call the hospital
when the doctor barely speaks

when the trunks are startled
when the steps hidden under the brambles
when the tombs

quand les heures aux bras noircies
quand elle est nue devant lui et qu'elle pleure
quand le pommeau dans sa joue dans ses cuisses

et petite peau qui s'est trompée de porte
le dur colosse avec son fouet
le membre obscur qui la fore

quand l'ombre du marcheur
quand la terre noire sous les ongles

quand les fumeux déboulent
quand figent les veilleurs
quand le petit père qu'on bafoue

quand les pipes au canal
quand les babiches molles

quand les mottes de sang
quand on renfle

quand les suiveurs aux yeux de mouches
quand la nuque à la broche
quand les verrous

when time's blackened arms
when she stands naked before him and cries
when the pommel in her cheek in her thighs

and little skin who is at the wrong door
the tough colossus with his whip
the dark member drilling her

when the shadow of the walker
when the black earth under the nails

when the dazed charge
when the night people freeze in their tracks
when the old uncle is ridiculed

when the pipes in the canal
when the soft leather strips

when the clots of blood
when we bulge

when the bug-eyed followers
when the roasted scruff of the neck
when the bolts

puis dans les pays que de petits pays
le manche du poignard pour toute force
la garcette le cri au fond des postes
le pioncement fou de la grande aiguille

voilà la foule rivée à son caveau
avec le masque et le bavoir
avec ses griffes et ses miracles
et puis voilà les groupes avec leurs prônes

le blâme bien joufflu et les ciseaux
quand c'est l'étoile noire qui mène la cohue
quand c'est le chef au front de tôle

quand c'est la mer qui s'évanouit
quand le totem et sa gueule touffue

quand les aubes confuses

quand le trouble

(14 mai 1974)

and in the countries so many small countries
the dagger handle for all weapon
the billy yells it out in every police station
the mad stabbing of the big needle

there's the crowd riveted to its cellar
with the mask and the bib
with its claws and its miracles
and see the groups with their sermons

the round-faced blame and the scissors
when it's the black star that leads the confusion
when it's the leader with a tin forehead

when it's the sea that faints away
when the totem and its thick mouth

when the confused dawns

when the trouble

(may 14, 1974)

au plus loin

ces poissons et leurs oiseaux
la langue de l'avion le nuage de l'avion
le criquet dans son noir et l'archet qui le tire

le nerf de l'amour et les haches de la mante
le détonnateur des gélinottes la femelle
le respir dans le corps comme un derrick à la naissance

le sofa des cellules et le sang qui en coule
la constellation des œufs le malade envahi
le rêve du virus et ce n'est pas une blague

cet homme avec une tranquillité et de l'orage même
cet homme avec un silence comme une antenne
et la chance qu'il s'est faite avec son front

the furthest

these fish and their birds
the tongue of the plane the cloud of the plane
the cricket in black and the bow pulling it

the sinew of love and the hatchets of the mantis
the detonator of hazel hens the female
the breath in the body like a derrick at birth

the armchair of the cells and the blood that it drips
the constellation of eggs the sick man overcome
the dream of the virus and that's no joke

this man with a peacefulness and of the storm itself
this man with a silence like an antenna
and the luck he made for himself with his forehead

ceci est un texte d'adieu

il n'est pas venu ouvrir des portes encore qu'il ait dû en travailler des serrures avant que de se folichonner assez pour venir   il n'est pas venu cravacher mollement la monture du verbe et vous donner à croire que le pique-nique annuel des poètes tient lieu de privilège dans la surenchère actuelle de l'espoir et de l'illusion   il n'est pas venu vous bailler des clefs   il n'est pas venu pondre dans les miracles   pas venu comme le revers des soutanes et n'a pas laissé la part fécale de son âme au vestiaire

pas venu morver sur les mots de ses pères c'est un apprenti c'est le petit artisan de la vie d'un livre le facteur innocent d'un poème de tribu

il n'a rien à vendre rien à prouver rien à regretter il est venu ici pour venir et il arrive d'une chambre qui n'est plus une chambre il arrive d'un abattis d'hommes   il arrive d'un envasement de la langue commune et il vous dit qu'il arrive d'une nuit qui n'est plus une nuit depuis qu'il a tassé les drapeaux qui nous servaient de persiennes

il est tombé si bas dans sa tête qu'il ne sait plus où il est né   il a foré si fort dans ses domaines qu'il ne sait plus la chaleur du troupeau et c'est en craquant qu'il est venu jusqu'à lui et c'est en craquant qu'il arrive chez vous

et puis il vient car il était derrière les portes non pas écroué mais comme absent comme dissipé il était derrière les portes et ses oreilles étaient si pâles qu'il n'entendait que les tambours et les slogans   il était derrière les portes et sa veine épinière était si flasque qu'il nourrissait avec les autres le tintamarre de l'époque

this is a farewell text

he didn't come to open doors and yet he must have worked some locks before getting excited enough to come he didn't come to weakly whip the verb's mount and lead you to believe that the poet's annual picnic holds a place of honour in the actual overstatement of hope and illusion he didn't come to lend you the keys he didn't come to lay in the miracles didn't come like the inside of cassocks and didn't leave the faecal part of his soul in the vestibule

didn't come to snivel over the words of his fathers he's an apprentice he's the little craftsman of the life of a book the innocent creator of a tribal poem

he has nothing to sell nothing to prove nothing to regret he has come here to come and comes from a room that is no longer a room he comes from a brushwood of men he comes from a silting up of the common language and he tells you that he has come from a night that is no longer a night since he bunched up the flags that were our shutters

he has fallen so low in his head that he no longer knows where he was born he has drilled so hard into his domain that he no longer knows the warmth of the heard and it's by snapping that he has arrived at himself and it's by snapping that he comes to you

and he comes because he was behind the doors not imprisoned but as if absent as if dissipated he was behind the doors and his ears were so pale that he only heard drums and slogans he was behind the doors and his dorsal vein was so limp that he fed along with others the din of the age he was behind the doors like the il était derrière les portes comme la rétine des aveugles comme le crabe dans son dur comme le boîte noire de l'avion il était derrière les portes et il ne savait pas qu'il était derrière les portes

bien sûr il claquait des ailes dans le printemps de la gélinotte bien sûr il se hurlait de mots et renâclait dans son coffre il se peuplait de nerfs et bardassait dans la femme c'est qu'on le voyait toujours s'escrimer dans le trille du goglu on le voyait mais il se désertait tout le temps : il était derrière les portes et ne savait pas qu'il était derrière les portes et puis et puis il arrive dans le carquois de la vie comme la gorge du nouveau-né il ouvre dans son cerveau et c'est le déboulement des mares et des canots la lumière de parler le presse dans les ventres ça barque en furie la trentaine sur son épaule ça pousse tout le fond à portée du thorax et de ses cordes il vient c'est le morcellement énorme du dedans la traînée mugissante des rêves jusqu'au soir le jet des érables dans le sang du fils il vient il fonce dans la porte comme la hanche les matins ne sont plus des taches sur la coquille salut midi de l'escalier je passe dans mon corps salut milieu sans fard de la femme je m'emboufte dans la foule retina of the blind like the crab in its hardness like the black box of the plane   he was behind the doors and he didn't know he was behind the doors

certainly he flapped his wings in the springtime of the hazel hen   certainly he screamed words at himself and snorted in his trunk   he seeded himself with gristle and busied himself inside the woman   it's that we always saw him struggling in the bobolink's trill   we saw him but he always deserted himself: he was behind the doors and didn't know he was behind the doors   and then and then he comes into the quiver of life like a newborn baby's throat he opens into his brain and it's the rush of ponds and canoes   the light to speak squeezes him in his insides   a furious heaving his thirties on his shoulder   pushing the whole bottom up to the thorax and its cords   he comes it's the enormous splitting of within   the moaning trail of dreams until night   the stream of maples in the son's blood he comes he rams into the door like the hip   mornings are no longer spots on the shell   hello noon from the stairs i go into my body   hello woman's undisguised heart i clear myself a path through the crowd

from

effets personnels

1978

il faut d'abord avoir envie de mettre au monde avoir le désir d'ouvrir son corps et d'ajouter un être à la vie attention : le temps tout de suite va se précipiter, il vient toujours quand quelque chose va naître laissez-le courir un moment dans la chambre, tourner autour de votre solitude il peut même donner un visage plus tolérable à votre angoisse approchez votre chaise, réduisez la distance entre le papier et votre plexus solaire la plume est outil d'écriture, mais je vous conseille plutôt de dessiner un poème c'est pour voir que les gens lisent commencez par brosser le fond du poème : ce peut être la nuit au sortir d'un rêve, la pulsation verte des océans, un appel étouffé dans la cave d'un hôpital les poèmes les plus lumineux s'accommodent très bien des lointains obscurs vous tracez la douleur secrète du monde en utilisant ce qui se dérobe derrière les regards, les paroles qui débordent sous les portes des chambres la manière dont un homme s'adresse à un enfant dans un restaurant, quand la musique recouvre les voix, est chargée d'enseignements inestimables sur l'espoir de même que le nombre de coups de feu qui éclatent dans la ville un soir d'été le poème prend forme quand la nature commence à vous parler retrouvez le petit pont, le ruisseau où votre pensée un jour gicla laissez le tumulte des corneilles reprendre le fil du printemps, revenez à la vie avec le chant du premier merle la débâcle vous pousse, le vieil hiver qui vous fermait va céder ouvrez la fenêtre qui donne sur la rue passante votre amour s'en vient dans la lumière sur le trottoir d'en face, votre amour s'arrête, lève le regard vers vous, les doigts en visière sur son front le trait ici doit être limpide : il s'agit de rendre l'infini d'une vie qui dans un instant se fond dans l'immensité d'une autre vie c'est rendre qu'il faut

1er février 1985

introduction

first of all you must want to give birth   have the desire to open up your body and add a being to the living   careful: right away time will rush in, it always comes when something is about to be born   let it run in the room a moment, turning about your solitude   it can even put a more tolerable face on your anxiety   pull up your chair, shorten the distance between the paper and your solar plexus   the pen is a writing instrument, but i suggest you draw a poem instead   people read in order to see   start by brushing in the background of the poem: it can be nighttime upon exiting a dream, the green pulsation of oceans, a muffled cry in a hospital basement   the brightest poems stand out against dark backgrounds   you trace the secret suffering of the world by using what hides behind eyes, the words that overflow from under bedroom doors   the way a man speaks to a child in a restaurant, when the music drowns out the voices, is charged with invaluable teachings on hope   as well as the number of gun shots that ring out in the city on a summer night   the poem takes shape when nature begins to talk to you   find the little bridge once more, the stream where one day your thought sprang forth   leave the crows' commotion take up the thread of springtime, come back to life with the song of the first robin   the thaw urges you, old man winter that had you closed in will give way   open the window that overlooks the main street   your love is approaching in the light   on the sidewalk across the street, your love stops, looks up towards you, fingers forming a visor across the forehead   the stroke here must be limpid: it's a matter of rendering the infinity of a life that in an instant melts into the immensity of another life   rendering is a must

february 1, 1985

douze jours dans une nuit

il y avait cette nuit
il y avait cette destruction
le noir coulait dans un corps
c'était dans un homme la nuit d'hiver
le règne du pire   l'effritement des mots
il y avait une nuit de jour qui finirait bien par finir
on ne savait pas toujours à quelle lisière
bougerait un peu de clarté

c'est un jour
lumière s'avance
lumière permet à la vie de couler
et de boire ce que donne le soleil
une fois encore
les yeux vont exulter
c'est un jour
à l'intérieur il y a
une brillance
il y a la source et la chaleur
avant le grand noir
le grand éclair de noir

27.1.85

twelve days in a night

there was this night
there was this destruction
blackness dripped in a body
it was within a man that winter night
the reign of the worst the crumbling of words
there was a day-long night that would surely end up ending
we didn't always know at which clearing
a bit of light would stir

it is a day
light advances
light permits life to flow
and drink what the sun offers
once again
the eyes will exult
it is a day
inside there is
a brilliance
there is the source and the warmth
before the great blackness
the great lightning bolt of blackness

27.1.85

c'est un jour
il faut le traverser à pied
en flânant dans sa tête
il passera entre toi et moi
nous passerons en lui
nous y laisserons un peu
de notre ardeur à durer
un jour qui nous brûle
un jour qui nous monte

28.1.85

c'est un jour
il commence avec une vapeur de soleil
sur le trajet glacé de fleuve
il s'appelle jour de matin orange
resplendit dans les fenêtres du nord
jour de femmes jour d'hommes
jour d'enfants qui sont
la vraie lumière de la vie
on commence quelque part
les mains se délient
tracent dans l'air
une rondeur avec des étincelles

28.1.85

it is a day
we must walk across it
while strolling in our heads
it will pass between you and me
we will pass into it
we will leave there a bit
of our ardour to last
a day that burns us
a day that lifts us

28.1.85

it is a day
it starts with a vapour of sunlight
on the river's frozen trail
it is called an orange-morning day
resplendent in the north windows
a day for women a day for men
a day for children who are
the true light of life
we start somewhere
the hands untie
and draw in the air
a roundness with sparks

28.1.85

c'est un jour
avec une ouverture de feu
au-delà du fleuve loin
sur les montagnes blanches
l'homme qui marche dans le froid
a des expirations lactées
et des étoiles se fixent sur son casque
il se voit dans son enfance
à l'aube il marche dans le faubourg
son oreille casse quand il la touche
l'hiver a brisé la petite poche de chaleur
qu'il garde pour la traversée
de la plaine tremblante
où file un pauvre dans ses rêves

29.1.85

c'est un jour
les secondes s'enfuient par la porte
ouverte
des touffes de froid fleurissent
sur les vitres
ici on a rêvé la nuit dernière
l'enfance était revenue
avec une gare au milieu des bleuets
le petit train des rires
déposait les cueilleurs sur la voie
et les filles fuyant les couleuvres
les secondes se sont émiettées
les articulations de la chambre ont gémi
le givre constelle
le froid mordra jusqu'à demain

7.2.85

it is a day
with an opening of fire
beyond the river far
up on the white mountains
the man who walks in the cold
exhales a milky breath
and stars cling to his helmet
he sees himself in his childhood
at dawn he walks in the suburb
his ear breaks when he touches it
winter has shattered the small pocket of heat
that he keeps to cross
the trembling plain
where a poor man rushes by in his dreams

29.1.85

it is a day
the seconds flee out
the open door
clumps of cold are blooming
on the windows
here we dreamt last night
childhood had returned
with a station amidst the blueberries
the little train of laughter
dropped off pickers on the tracks
and the girls fleeing from the snakes
the seconds crumbled
the joints of the room groaned
the frost forms constellations
the cold will bite until tomorrow

7.2.85

c'est un jour
de bon vent de neige folle
et d'une furie dans les branches
il y a un enfant
qui pense au monde intérieur
des animaux
pour dire la détresse des yeux
pour dire une pauvreté de toujours
les coyotes dans les cages
tournent en rond courent en rond
et leur vie s'émiette
à chaque pas dans les mêmes pistes
bon vent ne ramène plus rien
que cette rumeur
la trace étouffée de nos bêtes

13.2.85

it is a day
of good wind of mad snow
and with fury in the branches
there is a child
who thinks of the interior world
of animals
to tell the distress in the eyes
to tell a poverty since always
the coyotes in the cages
turn in circles run in circles
and their lives crumble
with each step in the same tracks
a good wind brings back nothing
but this murmur
the choked trail of our animals

13.2.85

c'est un jour
la poésie attend
dans une auto en panne
l'autoroute est un vacarme
où tant de gens avec des lunettes noires
filent
à la radio
on entend soudain chanter
le moqueur chat
sur la droite au loin seul dans le champ
le grand orme respire
et plus loin encore
sur la ligne de l'horizon
une maison au toit rouge
représente la vie actuelle du poète

22.2.85

c'est un jour
tellement blanc
il est enfoui
sous une paix de coton
il se dépose dans les pistes
du bruant   c'est lent
cela fait monter les montagnes
léger noyau d'immensité

12.3.85

it is a day
poetry awaits
in a stalled car
the highway is a din
where so many people wearing sunglasses
travel
to the sound of their radios
we suddenly hear
the mocking cat sing
on the right far off alone in the field
the great elm breathes
and further still
right on the horizon
a house with a red roof
portrays the present life of the poet

22.2.85

it is a day
so white
it is buried
under a cottony peacefulness
it lays itself down in the tracks
of the bunting   it is slow
it makes the mountains climb
light pit of immensity

12.3.85

c'est un jour
qui appelle
un jour qui ne se sent pas bien
on n'a pas le droit
de laisser un jour comme celui-là
s'enfoncer
il faut le saisir
le sortir dehors le frotter
à la mince pluie qui grésille
sur ce matin de mars
creusons doucement
une source est là sous les pieds
elle passe comme la vie
qui demande au fond
qui va gonfler si on s'ébranle

12.3.85

il attend
il est très loin encore
très loin
derrière une forêt chante
un jour va naître
il y a du ciel qui commence
le meilleur est dans le chant
de cette aurore
la ligne orange d'un autre jour
où coule sous les choses
la vraie vie la vraie

26.3.85

it is a day
that calls
a day that does not feel well
we have no right
to leave a day like that
sink
we must grab it
take it outside and rub it
in the fine misty rain
this march morning
lets dig carefully
a spring is there under foot
it passes like life
that asks finally
who will swell if we shake

12.3.85

he waits
he is still very far away
very far away
behind a forest sings
a day will be born
some sky begins
the best is in the song
of this dawn
another day's orange line
where true life the true one
flows underneath

26.3.85

c'est un jour
de corneilles et de mars
le cœur des arbres
ruisselle
une enfant amoncelle
des paroles fondantes
les rues les toits les chapeaux
fument
la petite fille met au monde
un homme qui s'allume
c'est en mille neuf cent quatre-vingt-cinq
à onze heures

c'est un jour
fait pour écrire
le mot *roselin*
il chantait tout à l'heure
dans un orme du parc
et la neige alentour
devenait du sel troué
le soleil perçait
le corps cassé des marcheurs

it is a day
of crows in March
the hearts of trees
stream
a little girl gathers
melting words
streets roofs hats
steam
the little girl gives birth
to a man who lights up
it is nineteen eighty-five
at eleven o'clock

it is a day
made for writing
the word *housefinch*
it sang a while ago
in an elm in the park
and the snow all around
became salt riddled with holes
the sun broke through
the walkers' broken bodies

IDENTITY SIN NO SECRET